Emmanuel Labat

La Vocation paysanne et l'école

Essai

ISBN : 978-1983472114

10 9 8 7 6 5 4 3 2 1

Emmanuel Labat

La Vocation paysanne et l'école

Essai

Table de Matières

Introduction	6
Section I	6
Section II	13
Section III	18
Section IV	25
Section V	29
Section VI	34
Section VII	36

Introduction

On a trouvé que nos premières remarques sur la Gascogne pouvaient s'appliquer à une grande partie de la France, et c'est pourquoi nous laissons à cette nouvelle étude un titre général. Mais, comme nous ne séparons pas les idées des faits auxquels nous les devons, on verra que notre champ d'observation ne s'est pas étendu. Nous ne quittons pas le pays de la Garonne.

La crise qui le désole est unique, bien qu'elle se présente sous deux grands aspects que nous avons déjà examinés ; en dépit des apparences, elle est morale, surtout morale ; et, malgré toutes les difficultés que l'on y aperçoit, elle ne serait pas entièrement au-dessus de nos efforts, si nous les concentrions sur l'enfant avec science et méthode, ardeur et sincérité. C'est ce qu'il est nécessaire de préciser tout d'abord pour montrer l'importance des soins que l'âme du petit paysan doit attendre de l'école. Au moment où il y entre, il est déjà un apprenti de la terre, et il va devenir un disciple du fait de l'enseignement moral qui lui est réservé. Nous nous bornerons à étudier aujourd'hui la vocation de l'apprenti, son origine, sa nature, ses principaux caractères, les dangers que l'école lui fait courir, les moyens par lesquels elle devrait au contraire la défendre, la soutenir et la fixer. C'est bien, comme on va le voir, d'une culture morale qu'il s'agit. Il est possible d'ailleurs que la méthode, qui convient à l'apprenti, puisse dans une certaine mesure laisser entrevoir celle qui conviendrait au disciple. En matière d'éducation, la psychologie et un sens très vif des réalités, dans lesquelles l'enfant est plongé, sont des guides toujours sûrs.

Section I

L'abandon de la terre et l'affaiblissement de la natalité sont deux phénomènes sociaux étroitement liés l'un à l'autre dans les départements gascons. Leur intime connexité se montre avec une évidence immédiate sur certains points, tandis qu'il faut un peu d'attention pour la découvrir sur d'autres.

Il est clair que, s'il naît peu d'enfants au village, les champs manqueront de laboureurs ; il ne l'est pas moins qu'une population agricole, en se raréfiant, condamne ceux qui restent, à un surmenage pénible, douloureux qui les inquiète, les aigrit, les décourage, et à la longue les révolte contre le métier. Mais le travail de la terre par son organisation naturelle, forcément familiale, invite le couple paysan à une natalité élevée, encore que l'invitation ne soit plus entendue. Pour peu que la prairie s'étende sur les bords du ruisselet, dont la ligne argentée des saules suit le cours sinueux, et que les sillons s'allongent sur les flancs de la colline, il ne fait pas bon se sentir seul quand les foins sont mûrs et les moissons jaunissantes. On n'a pas besoin de s'entourer d'enfants pour être facteur ou cantonnier, valet de chambre ou cocher : ici le métier donne des conseils tout différents.

Le changement de métier lui-même n'est pas sans gravité au point de vue moral. On quitte un foyer qui a abrité pendant longtemps la succession des douleurs et des joies, un champ où chaque sillon a été suivi au pas lent de la vache par le rêve ininterrompu des ancêtres ; on abandonne des habitudes, des façons de se vêtir et de parler, un ensemble d'idées, de sentiments, de passions, de préjugés sucés avec le lait. Tout cela est une armature cachée, solide, infiniment protectrice, presque une armure. On entre dans une période critique de transition, dans une phase de mue qui amène de l'inquiétude et du trouble, au fond un peu plus de vulnérabilité morale. Sur une voie nouvelle, où l'incertitude et les tâtonnements sont inévitables, l'homme se ramasse et se replie sur lui-même dans un geste très naturel de prudence et d'égoïsme : il est peu disposé aux sacrifices que demande la famille nombreuse.

L'abandon de la terre et l'affaiblissement de la natalité se juxtaposent, se combinent et se pénètrent pour constituer une crise unique, qui, nous l'avons dit, est avant tout morale, bien qu'on n'ait pas manqué d'en proposer des explications purement économiques. On a prétendu par exemple que les paysans désertent la terre parce qu'elle ne peut donner la rémunération qu'ils trouvent ailleurs, et c'est la vérité quelquefois : parmi les transfuges, il en est qui ont eu raison de le devenir pour chercher une adaptation meilleure. Beaucoup d'autres ne sont ni regrettables -pour le métier qu'ils laissent, ni désirables pour celui qu'ils prennent. Seuls les paysans bien adaptés, qui travaillent avec ardeur, intelligence et succès, méritent de nous arrêter.

Sur les coteaux des deux rives de la Garonne, comme dans les riches alluvions de la plaine, leur budget nous est assez familier. Ici les céréales, le vin et les bestiaux, là le sorgho, l'oignon, les pois, les asperges et les tomates, plus loin les chasselas et les prunes fournissent les grosses recettes, auxquelles s'ajoutent des menus profits qui ne sont pas à dédaigner, les produits de la basse-cour et du verger. Tout cela fait un budget copieux, solide dans les pièces principales, bien garni dans les joints, qui se gonfle ou maigrit selon les années, sans devenir jamais étique à cause de l'extrême variété des cultures. Il permet de satisfaire des besoins de confort et de luxe chaque jour grandissants, et plus d'un pourrait jeter sur lui quelques regards d'envie parmi ceux qui sont allés chercher fortune à la ville. C'est pourtant là, dans ces maisons où l'on est généreusement payé des soins donnés à la terre, que les jeunes s'en détournent ; ils en redoutent le travail, la grossièreté, la solitude, les aléas ; leurs admirations, leurs désirs et leurs rêves vont à un autre type de vie, et, si l'on veut, à un autre idéal. Il y a ici une désaffection de la terre : tout cela se passe dans les âmes, dans les parties profondes et délicates de l'âme.

Nous avons montré que, pour la natalité, les paysans gascons, ont suivi pas à pas les bourgeois au cours du siècle dernier, et qu'après avoir réduit leurs naissances pour s'élever socialement à leur exemple, ils en sont arrivés comme eux à une mentalité caractérisée par la peur de l'effort, de la responsabilité et du risque. Les médecins diraient que c'est de l'asthénie avec triple phobie, et, dans la même langue, on pourrait ajouter que le bouillon de culture est excellent pour le fonctionnarisme et l'étatisme. Mais tout cela est moral comme le désir de bien-être, de luxe, de déplacements et de plaisirs qui achève de ruiner la natalité dans nos campagnes.

Dernièrement, un des continuateurs de Le Play et de Demolins, M. Philippe Champeault, dégageait, de ses belles études sur les types familiaux, cette loi générale que « la natalité est florissante toutes les fois que les enfants rapportent aux parents plus qu'ils ne leur coûtent, ou tout au moins quand ils ne leur coûtent pas notablement plus qu'ils ne leur rapportent, et qu'elle baisse au-dessous de cette limite.[1] » Cette loi se vérifie dans les faits partout

---

1 Philippe Champeault, *la Science sociale*, décembre 1910. Nous ne donnons que la partie essentielle de la loi dont l'énoncé complet montrerait que l'auteur n'a pas

autour de nous : dans les familles de paysans Gascons suivies depuis la Révolution jusqu'à nos jours, dans la métairie landaise dont la solitude, sous les grands pins de la forêt, est encore égayée par une troupe de petits bergers, dans les familles espagnoles, venues des vallées pauvres des Pyrénées, et qui forment en Gascogne de nombreuses colonies intéressantes.

Mais traversons la première couche de vérité que cette loi nous offre, cherchons l'intime et le solide, descendons jusqu'au fondement et nous y rencontrerons l'âme elle-même. Ici le fait économique en cache un autre plus profond, plus humain, qui le dépasse, le domine et l'explique. L'enfant coûte aux paysans gascons plus qu'il ne leur rapporte depuis qu'il renie sa première dette et se refuse à payer le lait dont il fut nourri : dès qu'il gagne plus qu'il ne consomme, il entend profiter seul de l'excédent, il coupe de bonne heure les liens qui le rattachent au tronc familial et de telle manière qu'il ne lui donnera jamais rien, tout en continuant de l'exploiter pendant la maladie, le chômage, le service militaire, dans d'autres circonstances encore.

Chose étrange, nous vivons dans un temps de solidarité ; le progrès social semble tout en attendre ; nous ne reculons devant aucun sacrifice pour la réaliser par les institutions et les lois : elle prend les formes les plus diverses et les plus ingénieuses ; elle protège l'enfant dans le sein de sa mère, l'accueille par des bienfaits à sa naissance, entre avec lui à l'école, le suit pendant l'apprentissage et même au régiment. Les jeunes grandissent dans une atmosphère de solidarité et, malgré cette leçon continue et touchante, ils se dérobent dès qu'ils le peuvent à la plus facile, la plus naturelle, la plus sacrée des solidarités qui est celle de la famille.

L'individualisme très précoce, intense, un peu féroce des jeunes, voilà le fait capital. Sans doute on trouverait dans ses causes des fadeurs économiques, industriels, commerciaux, mais à côté de quelques autres fort importants qui ne sont rien de tout cela. L'élude de sa nature psychique intime nous révélerait peut-être qu'il est un phénomène de régression, un retour à des mentalités ancestrales, très primitives. Il est toujours un phénomène moral, et cela seul nous intéresse ici. La ruine de la natalité se prépare dans les cœurs avant de s'inscrire dans un fait économique qui en est la

méconnu l'importance des idées religieuses et morales.

loi apparente ; et d'ailleurs exacte.

On ne peut guère voir de près ce qui se passe en Gascogne sans éprouver un sentiment de tristesse et de découragement. Il ne faut pas s'y abandonner. Le bien sort quelquefois de l'excès même du mal et les déchets que nous constatons sont sans doute les sacrifices nécessaires pour préparer le progrès. Gardons intacte, à l'abri de toute défaillance, notre foi dans le progrès ; s'il est une illusion, aimons sa piperie : il n'en est pas de plus nécessaire. La foi est ici la volonté même de vivre. Il arrive peut-être aux peuples comme aux individus d'être touchés par l'horreur de la mort, de se ressaisir au moment décisif dans un mouvement de recul et de trouver le salut dans un appel désespéré aux forces suprêmes de vie. Mais nous avons des raisons plus précises de croire que nous ne mourrons pas.

Nous devons à nos devanciers un capital d'aristocratie morale merveilleux, fruit de lentes accumulations qui se sont déposées comme les couches d'un terrain géologique. Nous ne l'utilisons pas toujours très bien, nous le gaspillons quelquefois et, malgré de sincères efforts, nous le renouvelons assez mal. Au fond, c'est sur lui que nous vivons. Quand on pénètre dans l'intimité morale des hommes, on constate que derrière les paroles, les formules, les gestes et les actes, qui semblent indiquer une coupure infranchissable entre le présent et le passé, le passé est toujours là agissant et déterminant. Bien des choses menacent ruine qui durent par la vertu de forces cachées : telles ces pauvres maisons qui, autour de la petite place, dressent sur des piliers leurs façades en pans de bois, façades déjetées, bossuées, fripées par la morsure des hivers, toujours prêtes à tomber et qui ne tombent jamais, tant est puissante la cohésion acquise au cours des siècles et solide, malgré l'usure des chevilles, l'antique liaison des assemblages ! Nous avons encore des réserves considérables où nous puisons chaque jour à notre insu, et ils ne sont peut-être pas aussi vides que nous le croyons les vases d'où s'échappent les vieux parfums.

Voilà une première raison d'espérer. En voici une seconde, plus intéressante peut-être, ou qui tout ou moins nous doit solliciter davantage. Il s'en faut que tout soit fatal dans l'évolution qui nous entraine ; nous n'y sommes pas roulés comme des cailloux sur le lit d'un torrent. Nous entendons intervenir pour conduire, soutenir, modérer, précipiter le mouvement. Nous intervenons en effet, continuellement, avec notre raison, dont c'est l'ambition de tout régler le plus rationnellement possible. Il n'est certes pas de meilleur guide et d'ailleurs nous n'en pouvons pas avoir d'autre. Mais il faut prendre garde que la raison ne juge et ne décide que sur une information complète de la réalité tout entière, qu'elle reste toujours très sensible à cette réalité, attentive à garder le contact. Ce n'est un secret pour personne qu'elle y répugne un peu. Les irrégularités, les caprices, les surprises, le désordre et les illogismes du réel sont autant de grossièretés qui blessent sa délicatesse, tandis que la limpidité des idées abstraites lui est une douceur délicieuse. Elle s'en tient volontiers aux choses telles qu'elle les conçoit, au lieu de les voir et de les subir telles qu'elles sont. C'est la source de beaucoup d'erreurs dont nous souffrons et qui finiraient par nous être funestes. On reconnaît le véritable esprit scientifique au soin avec lequel il vérifie continuellement sa méthode. Comme les marins relèvent leur point plusieurs fois par jour, nous devrions nous aussi relever souvent le nôtre, et, comme eux, au premier signe suspect, ralentir l'allure et marcher la sonde à la main. C'est l'image même du souci de la réalité qui descend au fond des choses pour en saisir les moindres détours, lue méthode se juge à ses résultats comme un arbre à ses fruits. Quand les fruits sont mauvais ou médiocres, on arrache l'arbre ou on le greffe. Il ne s'agit pas de sacrifier le rationalisme, une des gloires de l'esprit français, mais il pourrait recevoir avec profit le bienfait de quelques sèves différentes.

C'est surtout en ce qui touche l'enfant que la méthode doit être sans cesse minutieusement vérifiée et mise au point : dans un pays où la crise morale est « grande pitié, » à qui penser, sinon aux jeunes ? Ils sont l'avenir mystérieux, que bien des facteurs, étrangers à nous et même inaccessibles, détermineront, sur lequel cependant nous ne sommes pas sans action, et que de fait nous préparons tous les jours en pétrissant la pâte molle de leurs âmes. Devant eux il faut se poser la grave et troublante question, que les médecins connaissent bien, qu'ils se posent sans cesse, qui est leur tourment et leur honneur : faisons-nous ce qu'il faut faire et faisons-nous bien tout ce que nous croyons devoir faire ? Elle se pose ici précise, impérieuse, obsédante quand, au détour du petit chemin, devant le champ en friche et la maison abandonnée, on rencontre, au lieu de la bande joyeuse d'autrefois, quelque écolier solitaire, cheminant d'un pas distrait vers l'école.

C'est en effet à l'école que nous sommes directement conduit, et notre première pensée est d'y suivre la vocation naissante pour la terre que le petit paysan y apporte chaque matin. Cette vocation mérite beaucoup d'égards, de minutieuses précautions, toute une culture morale fine et délicate, un véritable effort éducateur qui ne peut réussir qu'en s'appuyant sur une psychologie vraie. On n'a que faire ici d'une psychologie générale, superficielle, conventionnelle, rationnelle, comme il nous semble qu'elle l'est trop souvent ; il nous faut une connaissance approfondie de l'âme, telle que le passé nous l'a léguée, telle qu'elle vit et réagit dans le milieu qui pèse sur elle et la travaille de mille manières. Il nous faut la voir aux prises avec l'enseignement qu'elle reçoit, ce qui est une affaire capitale, telle qu'on la trouve peut-être ailleurs, telle qu'elle est exactement, ici même, en Gascogne, dans notre village, sous nos yeux. Nous offrons à l'école le peu que nous savons, quelques renseignements sur l'écolier et l'âme paysanne. Aucun d'eux n'a été puisé dans les livres. Les âmes se laissent voir dans les petits faits de la vie journalière. L'historien, qui en veut sonder le fond et démonter les ressorts chez les rois, les politiques et les capitaines, ne craint pas de descendre aux détails les plus vulgaires et les plus infimes : tout est ici relevé par la grandeur du personnage et la majesté de l'histoire. Le romancier dans le roman psychologique se sert des mêmes détails, mais il les choisit à son gré, les place où il veut, les enchâsse et les sertit si bien que d'un caillou grossier il fait un bijou charmant. Le sociologue ne connaît aucun de ces avantages. En psychologie sociale, comme en clinique médicale, la première règle est l'exactitude, la précision, la minutie et la patience dans l'observation des humbles choses qui sont souvent les plus révélatrices.

On trouvera beaucoup d'humbles choses dans les pages qu'on va lire, et d'autres ont vu certainement ailleurs ce que nous avons observé en Gascogne. Mais la concordance d'observations, faites sur des points divers, par des observateurs qui s'ignorent, est une marque de leur valeur et une présomption de vérité. Et puis des vérités déjà connues, presque vieilles, se raniment et se rajeunissent, prennent de la force et de l'autorité quand on les considère à l'état naissant, c'est-à-dire au sortir même des faits qui les contiennent. Les fleurs n'ont jamais plus d'éclat et les fruits plus de saveur qu'au moment où on les détache de la branche qui les porte.

Section II

Le petit paysan qui, à l'âge de six ans, entre à l'école pour la première fois est bien un apprenti de la terre : on peut même dire qu'il l'a été en quelque sorte en naissant. Pendant les pluvieuses journées d'hiver, où le travail ne presse guère, la mère a souvent porté le nourrisson à l'étable chaude, et, en manière de jeu, elle l'a mis à califourchon sur le dos de la vieille vache au regard mélancolique et indifférent. Dès qu'il a pu marcher il a saisi un bâton, et matin et soir, très sérieusement, comme la mouche du coche, il s'est employé à faire entrer et sortir les bestiaux. Aux semailles d'automne, quand les guérets sont fins et doux, le père assis sur la herse l'a pris dans ses bras, et il a tenu les guides. Dans ses premières conversations avec les autres écoliers, il racontera qu'il sait labourer et il a labouré en effet. La main agrippée au mancheron de la charrue à côté de celle de son père, il a suivi le soc de ses petits pas ; il a répété les vieux commandements aux traînantes intonations, il a enflé sa voix pour lancer les jurons qui tendent les jarrets et courbent les nuques de l'attelage sur les affleurements d'argiles compactes : au bout du champ, pendant que les bêtes soufflent, il s'est retourné pour contempler le travail fait, le sillon droit et profond d'où s'échappe une buée légère, les grandes mottes renversées ; il a aspiré à pleins poumons l'odeur salubre de la terre, et senti déjà lui aussi dans son cœur la joie et l'orgueil du beau labour.

Rien de plus intéressant et de plus instructif que l'étude de cet enfant dont on peut dire à première vue qu'il a choisi son métier, qu'il en a commencé l'apprentissage, et qu'il en a la vocation. Voilà le fait concret, et, bien que dans l'activité naissante de cette âme, tout soit encore confus, rudimentaire et amorphe, une analyse attentive y peut déjà faire des distinctions : sur les deux bourgeons jumeaux, étroitement accolés, que la sève gonfle, un œil exercé ne distingue-t-il pas celui d'où sortira la fleur de celui qui ne donnera que des feuilles ? Le choix du métier et l'apprentissage ont été imposés par la naissance, une ambiance infranchissable, la force même des choses. Ici l'enfant a tout reçu, et subi : il a été entièrement passif. Il n'en est pas de même pour la vocation, qui bientôt se révèle avec son caractère d'innéité et de spontanéité. Elle est naturellement tributaire des circonstances extérieures, qui dans l'espèce sont dominantes et oppressives, mais elle marque, en leur échappant quelquefois, qu'elle est d'origine plus intime, plus profonde et plus ancienne.

Quelle différence entre ces deux écoliers, que nous rencontrons chaque soir conduisant leurs bestiaux à la prairie, enfants sages, apprentis dociles, en qui les parons voient déjà deux solides bouviers ! Le premier ne sait guère que le nom et le nombre de ses bêtes ; le second est intarissable sur l'âge, le mérite, les aptitudes, l'avenir de chacune d'elles ; et, quand il arrive aux deux rois du troupeau, les grands bœufs gris aux cornes noires, ses yeux et sa voix s'animent pour le couplet final, plein de bravoure gasconne et de phrases du terroir : « Voyez-vous, monsieur, quand mon père les met à la forte charrue, et qu'il appuie des deux mains, elle s'enfonce jusqu'au manche… Ils lèvent de la terre à charretées… Ça fait peur… Tout le monde s'arrête pour regarder… Dites au voisin qu'il y vienne avec sa brabant et ses quatre garonnaises. » Le premier n'a pas la vocation, il ne l'aura peut-être jamais. Elle est née chez le second, décidée, vigoureuse, *opérante* et sous la forme qu'elle a toujours chez l'enfant, qui est l'admiration.

C'est en effet une admiration qui se cache à la racine de toute vocation : pour cultiver celle du petit paysan, l'école ne doit jamais perdre de vue cette notion capitale, sur laquelle on ne saurait trop insister. L'admiration est le dernier terme que l'analyse psychologique puisse atteindre, mais non pas le plus profond. Elle est sous-jacente à l'imitation qui joue dans notre vie individuelle et collective un rôle si important, et où Tarde a trouvé le principe le plus explicatif de la sociologie ; elle la précède, lui donne le premier branle, en est la condition. L'admiration est un mouvement qui nous sort de nous-même, une ouverture de l'âme, un élan où l'on sent vaguement de l'amour et du désir, parfois un véritable essor. Elle est, par cela seul, la source la plus féconde de notre éducabilité. Le phénomène admiratif est très initial, et cependant quelque chose est encore plus profond qui garde son mystère, c'est le substratum, c'est-à-dire notre innéité morale, faite de toutes les hérédités dont elle est l'expression. Nous sommes le prolongement de ceux qui nous ont précédés dans la vie. L'appel que nous entendons dans une direction déterminée, et qui est véritablement et en termes propres la vocation (*vocare*), nous donne l'illusion que nous obéissons à une force qui nous attire, au lieu que nous subissons une poussée, une *vis a tergo* héréditaire. La connaissance approfondie de l'hérédité dans une famille permettrait de reconnaître, et de protéger de bonne heure certaines vocations. Elle expliquerait bien des surprises, le goût très vif d'un enfant pour la terre dans un milieu défavorable, la révolte inattendue d'un autre contre le métier familial. Mais cette connaissance est impossible, car, outre les causes d'erreur inévitables en pareille matière, il se trouve que les hérédités les plus nettes, loin d'être toujours immédiates ou prochaines, remontent parfois à plusieurs générations. D'après une vieille légende, quand un enfant naît, les morts de la famille se réveillent, s'agitent et se parlent au cimetière. Sans doute que l'un d'eux, délégué par les autres, se lève pour entrer dans l'âme du nouveau-né et en commander le devenir. Pourquoi faut-il que ce soit souvent un aïeul inconnu, depuis longtemps oublié ?

Chacun de nous apporte en naissant son idiosyncrasie, et on sait que les médecins entendent par ce mot la tendance que nous avons à prendre certaines maladies ou à nous en défendre. La belle découverte de l'anaphylaxie, due à M. Charles Richet, et dont la *Revue* a récemment entretenu ses lecteurs, permet d'entrevoir le mécanisme par lequel la nature détermine notre personnalité physique en nous montrant celui des immunités et des sensibilités acquises. Notre personnalité morale est pétrie, elle aussi, de tendances et de répulsions. L'hérédité dépose en chacun de nous certaines sensibilités qui sont autant de germes différenciés d'admiration. Si ces germes rencontrent des circonstances favorables, ils fructifient en admirations précises, génératrices de vocations. Il arrive même que la vitalité de ces germes est telle que le moindre incident suffit pour les faire éclore, qu'ils se développent et aboutissent malgré tous les obstacles.

Inversement, il n'est au pouvoir de personne de faire naître une admiration dans des âmes qui n'ont pas été favorablement ensemencées, encore moins dans celles qui ont reçu des germes de défense et d'inhibition. Cela, même pour chacun de nous, est au-dessus de notre propre volonté. La volonté nous fera bien prendre un métier comme elle nous fait quelquefois épouser une femme : elle ne peut nous donner ni la vocation, ni l'amour. Il y faut un autre consentement intérieur, plus intime. En résumé, selon que nos âmes sont ouvertes ou fermées à certaines admirations, nous sommes prêts ou réfractaires aux vocations correspondantes.

Aucune vocation n'est plus héréditairement préparée que celle du petit paysan. Il doit à une longue série d'ancêtres laboureurs une sensibilité très vive au charme de la terre, et son admiration pour elle éclate dans tous ses propos, au moment où il entre à l'école. Appliquons-nous, pour la mieux défendre, à bien connaître cette admiration, qui offre ce triple caractère d'être personnelle, fragile, et particulièrement sensible à une cause spéciale de ruine. Elle est personnelle parce qu'une personne en est toujours l'objet. L'enfant n'admire pas le métier, mais celui qui l'exerce sous ses yeux. L'idée du métier est une idée abstraite à laquelle on n'arrive que par généralisation. L'enfant ne généralise pas, et l'abstraction lui est difficile. Le caractère personnel de cette admiration est d'ailleurs persistant : on le retrouve encore après l'enfance et la jeunesse. Car la vocation n'est pas une force qui tombe en se réalisant : elle survit au choix du métier et à l'apprentissage, elle accompagne, conduit et soutient la carrière, qui sans elle courrait de vrais dangers ; mais elle reste toujours, malgré les apparences, une admiration personnelle. Sans doute on admire maintenant le métier en lui-même, on en a acquis l'idée abstraite, on le compare aux autres, on apprécie ses avantages et sa supériorité, mais on admire surtout la maîtrise qu'on y apporte et les succès qu'on y obtient. Le même sentiment, qui a fait naître la vocation, l'entretient et la confirme ; nous commençons par admirer les autres et nous continuons en nous admirant nous-même.

Le mérite de celui que l'enfant admire importe beaucoup, car plus il est grand, reconnu de tous et cité, plus il y a de chances pour que l'admiration soit vive. Le père, qui travaille sans goût et sans succès, humilie son fils qui porte ailleurs ses regards ; celui dont les moissons sont un triomphe, met dans le cœur du sien un sentiment d'une grande force. Ce sentiment est fait de tendresse et d'admiration : le père n'y voit en général que la première, qui se manifeste le plus et par des témoignages dont son cœur est profondément touché, mais il est possible que l'admiration domine.

Le sentiment admiratif du petit domestique pour le maître, moins profond, moins enthousiaste, est encore très efficace. Il est des métairies, d'où les jeunes bergers qu'on y loue sortent presque toujours au bout de quelque temps laboureurs confirmés, et d'autres qui n'en retiennent aucun à la terre. Nous avons connu un agriculteur émérite qui allait chercher ses petits domestiques à la ville, dans des milieux défavorables ; de presque tous il faisait de vrais paysans, reconnaissables à l'empreinte de leur premier maître, dont ils citaient sans cesse les pratiques, les exemples, jusqu'aux paroles. Les sociétés d'agriculture, entrant dans une voie un peu nouvelle, devraient rechercher ces éducateurs sans diplôme, ces *fixateurs* de vocation, les récompenser, les signaler à l'Assistance publique qui de préférence leur confierait ses pupilles.

Aucune précaution n'est inutile autour de ces admirations, à cause de leur fragilité. Sur le cerveau de l'enfant les impressions sont faciles, vives, mais non moins superficielles et fugaces. Les sentiments les plus opposés s'y succèdent avec une rapidité inouïe comme sur leur visage le rire n'attend pas que les pleurs soient séchés. C'est un jeu de substituer une admiration à une autre dans des âmes où la nouveauté d'un sentiment est le secret même de sa force. Là est tout le danger et il est très grand. La consistance augmente naturellement avec l'âge, mais de six à douze ans, la mobilité est extrême, et c'est précisément la période où des conditions nouvelles sollicitent, favorisent et excitent au plus haut point cette mobilité.

De six à douze ans, les écoliers font un grand et solennel voyage ; neuf fois sur dix, ils n'en feront plus de pareil, et les plus favorisés, ceux auxquels est réservé l'enseignement secondaire et supérieur, n'auront qu'à le recommencer dans d'autres conditions, avec des arrêts prolongés sur certains points plutôt que sur d'autres.

Dès son arrivée à l'école, le petit Gascon est tiré de son village et conduit à Toulouse, à Bordeaux, à Paris ; on le promène à travers la France et l'Europe ; on lui fait franchir les mers et parcourir les continents. On ne lui donne, il est vrai, que d'intimes clartés de toutes les sciences, mais on lui en raconte les triomphantes applications ; on lui montre les distances supprimées, la parole et la pensée portées avec la rapidité de l'éclair à travers l'espace, les solitudes de l'air disputées aux oiseaux, partout la matière vaincue et asservie, partout la terre trépidante de machines dont les unes ont la précision et la délicatesse des doigts les plus fins, et les autres soulèvent des blocs que des milliers de bras ne pourraient ébranler ; on évoque devant lui le long et curieux passé de l'humanité, moins troublant peut-être que l'effort du présent pour préparer un avenir dont l'image est enchanteresse. Pendant six ans, l'école tient l'âme de l'enfant dans un émerveillement continu. Que deviennent ses premières admirations auxquelles sa vocation agricole est liée ?

Nous pouvons témoigner que le voyage leur est funeste. Au retour, au lendemain du certificat d'études, quand nous cheminons côte à côte, comme il y a six ans, entre les haies odorantes du petit chemin creux, l'écolier ne nous chante plus le lier couplet des grands bœufs gris aux cornes noires.

Section III

Ce n'est pourtant pas un mal nécessaire, inévitable et fatal que l'école compromette ainsi la vocation du petit paysan en ruinant les sentiments qui en sont le principe et l'aliment. Elle pourrait au contraire, s'inspirant de la psychologie que nous venons d'en esquisser, lui être favorable, la maintenir, la fortifier, la mettre en état de défense contre les nombreux dangers qui l'attendent et que l'on connaît : le service militaire, le fonctionnarisme, la pénétration de la vie moderne dans les campagnes les plus reculées. De celle-ci, nous redoutons non seulement l'action générale, qui s'exerce partout, mais les plus petites répercussions partielles, qui ailleurs passeraient inaperçues. Tout est gravement nocif dans un pays de misérable natalité comme le nôtre. Nous souffrons du nombre des facteurs et des cantonniers, que l'on double, de la petite usine de sandales ou de balais qui demandera deux douzaines d'ouvriers, de la modeste automobile que l'on trouve dans le moindre village.

L'automobilisme est modeste en Gascogne : médecins, notaires, rentiers, négociants tiennent eux-mêmes le volant et n'ont qu'un petit domestique qui lave la voiture et les accompagne au besoin. Ils le prennent de préférence dans une métairie où il sera plus robuste, plus docile, moins exigeant. Dès que le petit paysan a mis sur ses épaules la peau de bique et sait faire partir le moteur, il est définitivement perdu pour la terre. Je trouve même dans mes notes des faits significatifs, comme celui d'un enfant de quatorze ans, qui entre chez un médecin où il reste deux ans, glisse de là au garage du chef-lieu de canton et qu'on retrouve peu de mois après dans un aérodrome : celui-là, sans passer par la grande ville, en était arrivé au monoplan moins de trois ans après avoir quitté la charrue et une vieille famille de laboureurs.

La terre est ici plus malheureuse qu'ailleurs. Pourquoi l'école ne lui marquerait-elle pas un intérêt particulier, et même un peu de tendresse, en redoublant d'efforts pour protéger, exciter, exalter jusqu'à l'enthousiasme les admirations reçues de l'hérédité et du milieu ? La première est celle du cadre où l'enfant est né et où le métier doit retenir sa vie. La prise du village sur l'âme des jeunes était telle autrefois que quelques-uns, devenus soldats, ne se consolaient pas de l'avoir quitté. Les médecins militaires nous ont laissé d'émouvantes descriptions de ce curieux mal du pays, qui frappait plus d'un conscrit, brisait ses résistances physiques, le couchait sur un lit d'hôpital et fermait à jamais ses pauvres yeux parce qu'ils étaient privés de la douceur de l'horizon natal.

Cette prise sur l'âme, bien moindre aujourd'hui, est encore très forte au moment où l'enfant devient écolier. Il faut employer à la consolider l'enseignement lui-même et tirer un secours de ce qui est un danger ; il faut donner au village, pour qu'aucune comparaison ne lui soit humiliante ou défavorable, une grandeur et une beauté d'emprunt qui seront celles de tout le passé de la France. L'histoire de la grande patrie se déroulera tout entière dans la petite ; celle-ci prendra dans l'imagination de l'enfant, au récit de ce conte merveilleux, des proportions incomparables, au-dessus de toute atteinte.

C'est le seul moyen et nous l'avons déjà indiqué. Nous y revenons parce que, si notre idée a été généralement approuvée, il semble qu'on ne veuille l'appliquer qu'avec timidité. Une circulaire récente du ministre de l'Instruction publique, « tenant compte d'un vif mouvement qui s'est produit en ces dernières années, » recommande aux maîtres l'étude de la géographie et de l'histoire locales, pour en mêler l'enseignement à celui de la géographie et de l'histoire nationales. « Il importe, ajoute le ministre, de mêler les deux enseignements en puisant le plus possible les exemples dans le milieu même où les élèves résident, qu'ils connaissent et qu'ils aiment. Ce qui fait que l'histoire apparaît généralement à l'enfant comme une étude difficile et peu attrayante, c'est qu'elle lui est trop souvent présentée d'une manière abstraite et sans lien avec la réalité qu'il peut concevoir. On ne l'y intéresse vivement qu'à condition de solliciter sa curiosité et de provoquer son émotion. C'est surtout pour lui que l'histoire doit être, selon le mot de Michelet, une résurrection. » On ne saurait mieux dire. Nous demandions cela et même quelque chose de plus que nous demandons toujours. Nous voudrions que, de propos délibéré et par méthode, les principales notions de l'histoire de France fussent déposées dans l'esprit de l'enfant sous des formes concrètes dont le village serait le support.

Le paysan, qui n'a d'autre enseignement que celui de l'école, — et le plus souvent il en est ainsi, — ne garde un souvenir historique que s'il est lié à un des objets de l'activité journalière de son cerveau. En y pénétrant, une notion nouvelle, complètement étrangère aux réalités environnantes, provoque du malaise, reçoit un accueil glacial, cherche vainement sa place et finalement s'en échappe, comme celui qui, entré par mégarde dans un salon, où il ne connaît personne, ne songe qu'à en sortir. La même notion fait naître de la joie et une sorte d'attendrissement, qui se lisent sur le visage, si on la mêle et la confie à d'autres notions *familières à l'esprit, douces au cœur*. Il faut s'assurer de l'amitié de l'âme si l'on veut qu'elle accepte et retienne ce qu'on lui offre, et on peut saisir ici sur le fait, en pleine vie, dans un de ses modes intimes, la vertu intellectuelle et cognitive de la sensibilité. En somme, un fait historique reste obscur tant qu'il n'est pas mis en compagnie de faits antérieurement bien connus, qui l'enveloppent de leur propre clarté et par cela même le rendent déjà aimable ; son image est essentiellement caduque et périssable, si on la laisse en l'air, c'est-à-dire sans soutien dans les choses que l'enfant a sous les yeux, sous la main, qui entrent dans le cours ordinaire de sa pensée et de sa conversation ; elle devient claire et se fixe définitivement dans l'esprit par la familiarité, la banalité, la permanence des idées auxquelles elle est associée.

Ces enfants, filles et garçons, qui s'égaillent joyeusement en sortant de l'école, savent tous l'histoire d'un crime qui fut commis dans le village il y a cent vingt ans : c'est que le récit en est toujours fait en montrant la maison où le drame s'est passé, le champ contesté qui en fut l'occasion, le trou de l'évier par lequel le canon du fusil fut introduit pour foudroyer un vieillard devant son feu, les descendants de la victime, ceux du meurtrier. Arrêtons parmi ces enfants une grande fillette de treize ans, écolière appliquée, aux beaux yeux intelligents, et nous n'aurons pas de peine à constater qu'elle ne sait vraiment pas ce qu'a été pour la France la guerre de 1870. Cependant son grand-père, mobile au troisième bataillon du tiers, est mort au passage de l'armée de Bourbaki en Suisse. Croit-on que son ignorance serait la même, si la leçon avait rattaché dans son esprit les événements de l'Année terrible à l'événement familial, au malheur de l'aïeule qui tant de fois a raconté « la grande peine qu'elle s'est vue, » pauvre vieille, aujourd'hui toute blanche, qui verse encore une larme quand un conscrit du voisinage lui vient « toucher main » avant de partir, qui chaque année, le jour de la Toussaint, tire de l'armoire une photographie et quelques lettres, les étale sur le lit et gauchement s'agenouille devant ces reliques ?

Il n'est pas un grand événement de l'histoire qui n'ait eu sa répercussion au village. Les maîtres devront lire les ouvrages spéciaux et les revues, suivre les travaux des sociétés locales, fouiller les minutes des notaires, les archives publiques et privées, pour relever les moindres traces de ces répercussions, d'où ils tireront le plus possible la substance de leur enseignement. Mais, quel que soit le zèle des travailleurs et le bonheur de leurs découvertes, il arrivera souvent que les documents manqueront. Nous sommes au point vif de la question. Nous renouvelons, sans y rien changer, le conseil que nous avons déjà donné : qu'on n'hésite pas à recourir à la fiction pour établir la trame du récit, l'animer et le rendre fécond.

Les historiens feront peut-être des réserves. Nous pourrions leur répondre que nous sommes des paysans, uniquement désireux de voir nos fils rester à la charrue, et que leurs préoccupations nous sont indifférentes. Mais la vérité, qui est le premier souci des historiens, doit être celui de tout le monde et nous nous flattons qu'il est aussi le nôtre. Sur les Gaulois et les Romains, la féodalité et Jeanne d'Arc, Henri IV et Louis XIV, la Révolution et l'Empire, nous mettrons dans l'esprit des enfants des notions parfaitement vraies, même si elles sont liées à des personnages et à des faits imaginaires.

Beaucoup de Français, qui ne sont pas des paysans, seraient étonnés et même humiliés, si on retranchait de leur science historique tout ce qu'elle doit au roman, au théâtre, aux chansons, aux légendes, c'est-à-dire à des fables. La vérité historique que les petits paysans devront à notre méthode sera une vérité élémentaire, de bon aloi, d'un usage courant, une vérité de faits, sur laquelle tout le monde est d'accord, et qui leur suffira, avec cet avantage ; qu'elle sera durable, tandis qu'il ne reste rien de ce qu'une autre méthode leur donne aujourd'hui. On confie à leur mémoire des mots qui ne sont que des sons : nous leur offrirons des images saisissables et touchantes, fixées sur un fond que leurs yeux contemplent tous les jours, et qui à cause de cela deviendront dans leur activité psychique autant de petits foyers définitifs. Une nuit épaisse règne actuellement sur l'histoire dans le cerveau des paysans : nous y allumerons une ligne de minuscules lumières, qui, tout en se reflétant sur les maisons du village, jalonneront la longue route suivie par nos pères.

L'enseignement de l'histoire ne mériterait pas d'être fait à l'école primaire, s'il n'en devait sortir une idée éducatrice et bienfaisante, nécessaire à l'homme moderne, quel qu'il soit. C'est l'idée même de la continuité de la vie, le sentiment que nous sommes insérés par notre naissance dans cette continuité comme un anneau dans une chaîne, que nous sommes comptables de l'effort de nos devanciers envers nos successeurs, que nous devons leur transmettre cet effort additionné du nôtre. C'est la notion morale de l'*héritage*, des devoirs et des responsabilités qu'il implique, telle que la noblesse française l'imprimait dans le cœur de ses enfants. Toute notre histoire est remplie des beaux gestes que ce sentiment a inspirés. Il soutient encore bien des hommes qui entendent toujours *servir* la France, comme autrefois ils auraient servi le Roi, encore qu'ils y rencontrent parfois plus d'une difficulté.

Le jeune gentilhomme recevait cette notion directrice de tout ce qui l'entourait et l'accueillait dans la vie, des premiers récits dont il était bercé, des usages et des traditions de la famille, des liasses de vieilles lettres souvent relues, des portraits accrochés aux murs, des pierres mêmes du château. Pourquoi les petits paysans, les vrais fils de la même terre, ses fils les plus humbles, les plus fidèles, les plus méritants, ne recevraient-ils pas un enseignement analogue ? Pourquoi ne sentiraient-ils pas eux aussi ces excitations, douces et toniques à la fois, qui de bonne heure inspirent à l'homme l'orgueil de ses origines et l'ambition d'en rester digne ? Ils n'ont rien autour d'eux qui puisse les leur donner, ni château, ni archives, ni portraits d'ancêtres. Mais ils ont l'école, la petite école. Celle-ci doit tout faire et elle peut beaucoup. Elle peut toucher, ravir, entraîner ses écoliers, si elle sait leur montrer la grande œuvre du passé, d'où est sortie la France moderne, lentement, durement poursuivie et façonnée par des ouvriers qui étaient du village, dont le sang coule dans leurs veines, dont ils portent les noms, qui comme eux parlaient patois, qui habitaient les mêmes maisons, passaient tous les jours sur les mêmes chemins, travaillaient les mêmes champs. N'est-ce pas le vrai moyen de donner à ces enfants le sentiment de la solidarité, de faire naître en eux des fiertés qui se transformeront en énergies, d'attendrir leurs jeunes cœurs à l'idée du devoir social, qu'on rendrait ainsi présente, saisissable et vivante ?

L'efficacité de cette méthode d'enseignement est certaine, et nous l'avons essayée plus d'une fois avec succès. Il y a peu de temps je voyais entrer dans mon cabinet un homme, prématurément vieilli par la fatigue et tordu par le métier. Il me dit son nom, et, comme je ne le reconnaissais pas : « J'ai beaucoup changé depuis le jour où vous nous racontiez l'histoire d'Henri IV que je n'ai pas oubliée. » Il n'avait pas oublié en effet le conte que trente ans avant je m'étais amusé à faire un jour devant un groupe d'enfants attentifs.

Sous le manteau de la cheminée d'une vieille maison du village, j'avais fait asseoir Henri IV et Sully, encore jeunes ; ils étaient venus consulter une sorcière renommée qui leur prédit tous les événements du règne futur, même sa fin tragique. Le Roi n'y voulut pas croire, et malheureusement il renvoya la vieille avec une pièce blanche, sans y ajouter la formule consacrée qui, prononcée en patois, préserve du mauvais sort. On pense bien qu'Henri IV parlait patois, au grand déplaisir de Sully qui n'en saisissait pas toutes les nuances, à la grande joie de mes auditeurs qui en triomphaient. Bien qu'en pleine Gascogne, mon affabulation n'en était pas un pur produit. Henri de Navarre et son futur ministre ont beaucoup chevauché dans nos villages ; on montre à Lectoure une maison où ils ont couché ; je ne sais plus où j'avais lu que Sully y consulta une sorcière dont les avis favorables le décidèrent à prêter de l'argent au Roi ; le sire de Rosny avait toujours de l'argent dans ses poches, car, outre qu'il était naturellement ménager de son bien, il excellait à vendre fort cher des chevaux qu'il achetait bon marché ; et ses mémoires témoignent par ailleurs que les prédictions astrologiques de son précepteur Labrosse soutenaient sa foi dans la fortune de son maître. Mais, même avec un fondement historique bien moindre, mon récit aurait eu autant de succès. Si nous voulons que nos paroles soient comprises et retenues, nous devons premièrement penser à la réceptivité cérébrale de celui qui nous écoute ; et, comme nous mesurons l'éclat de notre voix à la sensibilité de son oreille, il nous faut avec plus de soin encore proportionner notre discours à son esprit.

L'avidité du cerveau de l'enfant pour le concret est si grande que, toutes les fois qu'on lui offre une idée à demi abstraite, il essaye dans la mesure de ses forces de la transformer en une image familière. Quand on lui lit pour la première fois les fables de La Fontaine, il situe immédiatement la comédie ou le drame sur les bords du ruisseau voisin, dans un coin du grenier, sur un arbre du jardin ; il dispose les personnages à sa guise et il donne à chacun la physionomie des animaux et des gens qu'il connaît. On le verrait bien à ses dessins s'il savait dessiner. Le dessin de son imagination est net et définitif. Plus tard les illustrations de Grandville et de Gustave Doré, si admirées soient-elles, ne l'effaceront pas.

La résistance de ces premières images est extrême. Il n'est pas rare qu'un homme ait atteint l'âge mûr quand il visite Rome pour la première fois. Mais il a passé sur le Forum dix années de son enfance et de sa jeunesse : il y est entré au lendemain de ses secondes dents avec le *De Viris*, et quand il en est sorti, il retroussait sa moustache naissante en relisant l'ode à Lydie. On ne vit pas si longtemps dans un pays par l'imagination sans qu'elle vous en fournisse une image précise, empruntée aux éléments dont elle dispose. Le Capitole et le Palatin sont deux petites collines du pays natal, séparées par une prairie où Romulus et Tatius se livrèrent leurs combats. L'image est gardée intacte jusqu'au jour où le voyage lui en substitue une autre plus vraie et plus émouvante. Celle-ci restera sans doute maîtresse du champ psychique : n'empêche qu'au hasard d'une songerie ou même d'une lecture, quand l'esprit s'échappe la bride sur le cou, l'image primitive reviendra nette, importune, réclamant ses droits de premier occupant.

On pense bien que ce retour n'a pas d'importance, et les professeurs d'histoire ne doivent pas s'en inquiéter. Des confidences nous permettent de dire qu'on peut consacrer sa vie aux travaux historiques et garder des images un peu fantaisistes de Charlemagne, de saint Louis et de Napoléon, dues à des lectures enfantines. La notion première, concrète et lointaine, est un point d'appel sur lequel les idées et les images nouvelles viennent se déposer en cristallisant. L'impureté relative du noyau primitif ne gêne pas le travail de cristallisation et ne ternit pas l'éclat des cristaux. Ce que nous demandons n'est après tout qu'un artifice didactique, et tout l'enseignement primaire, lecture, écriture, calcul, repose sur des artifices pareils. La morale elle-même n'est-elle pas enseignée à l'aide des contes et des fables ? Pour avoir appris une certaine sagesse dans d'adorables récits, l'enfant est-il moins bien disposé à recevoir plus tard les sévères leçons de l'éthique ?

Qu'on fasse donc venir sans crainte les plus grands personnages de l'histoire sur la petite place dont le silence n'est troublé que par le tumulte quotidien de la récréation. Le cadre est pauvre et étroit pour y loger toute l'histoire de France. Mais les écoliers le connaissent et l'aiment : et, comme ils ne l'oublieront jamais, ils garderont le souvenir des tableaux que nous saurons y mettre. Les enseignements du lycée et de la Faculté n'y perdront rien ; la terre y gagnera peut-être quelque chose.

Section IV

Une autre admiration mérite encore plus la sollicitude de l'école, c'est celle du métier. Il n'est personne qui ne dise que le meilleur moyen de la servir est de développer l'enseignement agricole. L'avis est unanime et nous nous y associons pleinement. Mais il se peut que cette unanimité repose sur une confusion et sur une erreur.

La confusion est précisément celle du choix du métier et de la [vocation dont on a déjà entrevu les différences fondamentales. Il est assez ordinaire qu'on choisisse le métier dont on a la vocation, mais le contraire n'est pas rare, et plusieurs éventualités peuvent se produire. Souvent la vocation vient avec l'apprentissage, dont la vertu sur ce point est indéniable, car l'apprenti qui « sent le métier entrer, » qui reçoit les compliments du maitre et prend de l'ascendant sur ses camarades, n'est pas loin de la vocation. Il arrive aussi qu'elle ne vient pas ; on reste cependant dans le métier, on l'exerce plus ou moins bien selon le degré de conscience et de volonté, on finit même par s'en accommoder comme deux époux raisonnables s'accommodent d'un mariage mal asssorti. D'autres fois, toute adaptation étant reconnue impossible, on se décide pour une carrière nouvelle.

Dans le choix du métier, où la raison, le jugement, le bon sens interviennent, nous tenons compte de notre vocation, de nos préférences, de nos aptitudes, mais encore d'une foule d'autres circonstances extérieures à nous-même. La vocation, comme on l'a vu, est tout autre chose. Sous nos yeux depuis quinze ans, neuf enfants sont entrés dans trois ferme-écoles différentes. Ils en ont suivi l'enseignement avec assiduité pendant le temps voulu, et deux en sont sortis premiers avec tous les honneurs. Aucun d'eux n'est resté à la terre. Actuellement deux sont commis dans des magasins de nouveautés, un est comptable dans une compagnie d'assurances, un autre dans une usine d'engrais ; l'armée en a gardé un comme sous-officier et conduit un autre à être agent de police ; nous en savons un qui est dans les contributions indirectes, un autre ; tonnelier, le dernier est marchand de meubles à Bordeaux.

Ici le choix du métier avait été déterminé par les convenances et les avantages que les parents avaient montrés aux enfants : ils pensaient que la vocation suivrait, amenée par l'apprentissage. Elle n'est pas venue, et on pouvait prévoir qu'elle ne viendrait pas. Ces enfants étaient fils d'instituteurs, de gendarmes, de boulangers, de petits bourgeois, de domestiques attachés à des maisons bourgeoises. Tous étaient fils d'évadés de la terre. L'hérédité leur manquait et surtout l'imprégnation spéciale des premières années. Aucun, en venant de prendre sa tétée, n'avait joué à califourchon sur le dos de la vieille vache, aucun n'avait suivi le sillon en mettant ses petits pas dans ceux de son père. Répétons bien que le choix du métier est un acte de la raison, et que la vocation met en jeu d'autres forces de l'âme ; elle vient du cœur.

On remarquera que ces neuf enfants avaient reçu de l'instituteur un enseignement agricole particulièrement soigné en vue de leur entrée à la ferme, et que celle-ci leur avait développé cet enseignement en même temps qu'elle les initiait aux travaux pratiques. Tout cela sans le moindre résultat. C'est donc une erreur de penser que l'enseignement préparatoire à un métier et l'enseignement théorique de ce métier suffisent à donner la vocation. Celle de nos futurs officiers ne vient pas de l'étendue des connaissances scientifiques qu'on leur impose. Ce n'est pas en faisant de l'algèbre, de la physique et de la chimie qu'on devient artilleur et marin « dans l'âme. » Ce ne sont pas toujours ceux qui y réussissent le mieux qui plus tard auront le plus de feu sacré à la tête d'une batterie ou sur la passerelle d'un cuirassé. N'a-t-on pas remarqué que les vocations sont moins solides, les démissions plus fréquentes dans la marine depuis qu'on a étendu et surchargé les programmes de l'Ecole navale ? Le caractère général et élevé des études y fait naître facilement l'idée d'une autre carrière, et on surprend, paraît-il, des premiers de promotion qui rêvent d'être dramaturges ou chefs d'usine.

Nous sommes à l'école du village et nous n'entendons pas comparer des choses qui ne sont pas comparables. Mais on reste frappé de la similitude de certains faits. Il est sans doute des distances sociales que la psychologie ne connaît pas. Nos meilleurs écoliers, ceux qui en agriculture se montrent supérieurs aux examens, sont les plus disposés à déserter le métier familial. Leur culture scientifique, pourtant si rudimentaire, fait naître en eux des rêves inattendus. L'an dernier, la Société d'agriculture du Lot-et-Garonne a distribué solennellement des prix aux écoliers du département qui s'étaient fait remarquer en agriculture : nous avons constaté que certains lauréats voyaient dans leur succès la justification d'ambitions nouvelles, très éloignées de la terre. Cette année, dans une école primaire supérieure, les deux premiers de la section d'agriculture, après avoir brillamment passé leurs examens, ont demandé de rentrer pour préparer l'un les contributions indirectes, l'autre la Banque de France. « Voilà mon fils, — disait un paysan que nous connaissons à un directeur d'école primaire supérieure, son ami, — apprends-lui tout ce que tu voudras en agriculture, et le plus

sera sans doute le mieux, mais rends-le-moi décidé à labourer. »
Au bout de deux ans, le directeur engagea le père à retirer son
enfant, qui était un excellent élève, sentant que, s'il le gardait plus
longtemps, la vocation risquerait d'être compromise.

Les succès scolaires provoquent chez les petits paysans une
véritable griserie, que les parents partagent presque toujours, sans
se douter du danger qu'elle renferme. L'écolier est déjà un petit
parvenu de la science ; il témoigne du dédain à ceux qui ne sont pas
savants comme lui. La douzaine de livres qu'il traîne dans son sac
lui donne des senti mens suspects pour ses parents et leur métier.

Les choses seraient tout de même un peu différentes si, parmi
les livres, il n'y avait pas un petit cours d'agriculture. Le père
garderait aux yeux de son fils le prestige d'une compétence et
d'une supériorité, le prestige d'une science, celle du métier qui met
chaque jour le pain sur la table et sans laquelle on mourrait de
faim. Mais voici que l'écolier rentre chaque soir armé de quelques
mots avec lesquels sur l'engrais, le fumier, la ration des animaux,
il pourrait dans la maison humilier tout le monde. Même, s'il ne
monte pas jusqu'aux paroles, le mépris est au fond du cœur où il
fait son œuvre. La terre n'a donc plus rien pour se défendre dans
l'âme de l'enfant.

Faut-il supprimer le petit livre d'agriculture dans le sac ? Il faut
au contraire en mettre plusieurs. Développons l'enseignement
agricole, consacrons-lui beaucoup plus de temps, donnons-lui
dans l'école du village une place éminente qu'il est loin d'avoir.
La science rend à la terre d'incalculables services, et chacune de
ses découvertes finit par devenir un bienfait pour la plus modeste
métairie. Une transformation complète se prépare qui est déjà,
commencée. L'agriculture de l'avenir sera scientifique sous peine
d'être vouée à toutes les défaites économiques.

Le plus petit peuple de l'Europe donne un exemple dont les
plus grands peuvent tirer profit. Le Danemark n'a guère plus
d'étendue que la Bretagne, et il exporte autant de chevaux que
toute la France, trois fois plus de bétail vivant, dix-huit fois plus de
viande de boucherie et de porc salé, quatre fois plus de beurre, et
un million d'œufs par jour, alors que nous en achetons cent trente
millions par an à l'étranger. La science, secondée par l'amour du

travail, l'esprit d'initiative et d'association, inspire et dirige ce merveilleux effort : on peut suivre ses applications dans le choix des semences et des engrais, le défrichement des landes, l'élevage du porc et des bestiaux, les industries laitières, la production des œufs dont pas un ne sort du Danemark, en passant par les sociétés de vente, sans avoir été vérifié à la lumière électrique. Notons que nous sommes dans un pays de petite culture ; les deux tiers de sa superficie sont occupés par des fermes de moins de dix hectares. Des écoles agricoles primaires et supérieures, des écoles spéciales, des conférences, des bibliothèques de campagne, des cours du soir distribuent largement la science aux paysans : ils la reçoivent et en profitent sans que leurs âmes se détachent de la terre.[1]

Mais il y a loin des bords de la Baltique à ceux de la Garonne : le sol, le climat, la race, l'histoire, le tempérament, le traditionalisme, la religion, les tendances, les ambitions, les rêves, tout est différent. La culture scientifique du paysan gascon demande des précautions particulières. On parle tous les jours d'organiser sérieusement l'enseignement primaire agricole et rien n'est plus nécessaire : il nous semble qu'il serait profitable de faire entrer à l'école et dans les œuvres postscolaires quelque chose de l'esprit que nous nous efforçons de dégager.

Section V

Il n'est pas de leçon d'agriculture où, après avoir exposé les acquisitions scientifiques les plus récentes, on ne puisse rendre justice à la valeur des pratiques qui constituent la vie agricole telle que l'écolier l'a sous les yeux. Chacune d'elles a coûté bien des efforts et représente une expérience millénaire. Le plus moderne chapitre de pathologie, rempli de microbes et de toxines, d'anticorps et de compléments, ne permet-il pas de glorifier l'admirable observation clinique de nos devanciers ? Les jeunes croient volontiers que toute la science est née d'hier, et je crains que l'école primaire ne le leur laisse croire quelquefois. Ce serait un grave danger pour la vocation que nous voulons défendre.

On vient d'exposer aux écoliers les plus avancés le phénomène de

1 *L'Agriculture danoise et ses progrès*. Rapport de M. Tisserand, directeur honoraire de l'Agriculture, 1908.

la sidération, le curieux travail des bactéries fixées sur les racines des légumineuses, qui arrêtent au passage l'azote atmosphérique et le font entrer dans des combinaisons solubles dont profiteront les cultures suivantes. Prévenons l'enfant de n'apporter de son savoir aucun orgueil à la maison, car sur ce point, on y est presque aussi savant que lui, bien que ce soit d'une autre manière. Le père sait que le blé sera beau si le trèfle, la luzerne ou les fèves l'ont précédé dans le champ. Il tient cela de son père qui lui-même le tenait du sien. La science moderne donne du phénomène une admirable explication, qui pourrait bien d'ailleurs n'être que provisoire, mais la découverte du fait pratiquement intéressant remonte aux Romains et est définitive.

On profite d'une chaude journée d'été, où les plantes souffrent et meurent de soif, pour dire aux enfants que l'homme peut vaincre la sécheresse et leur raconter les merveilleux résultats obtenus par les Américains. On leur explique comment la terre profondément défoncée emmagasine l'eau des pluies de l'hiver où les sarclages superficiels et répétés la maintiennent. On appuie la leçon par la petite expérience des deux colonnes de sucre, reposant sur une soucoupe remplie d'eau, l'une faite d'un seul bloc, l'autre d'une série de morceaux superposés : l'eau monte rapidement dans la première pour s'évaporer à la surface, difficilement dans la seconde. Mais, pour que la leçon soit complète et féconde dans le sens que nous désirons, il est nécessaire d'ajouter que le fait, si bien expliqué par la science, était parfaitement connu des vieux paysans gascons, comme en témoignent certains usages d'autrefois.

Quand la population était abondante sur les bords de la Gimone et de l'Arratz, petites rivières qui descendent du plateau de Lannemezan, les grandes métairies louaient volontiers leurs chaumes aux gens du village qui n'avaient pas de terres. Le bail était verbal, annuel, à moitié fruits, pour la culture du maïs et des haricots. L'hiver venu, chacun défonçait sa parcelle avec la bêche plate ou *palon*. Il arrivait même que, dans les nuits claires, après avoir couvert le feu et éteint le *careil*, toute la famille s'alignait sur le champ. On lançait quelques appels pour signaler sa présence aux équipes voisines qui répondaient, et puis, dans le grand silence de la lune baignant la vallée, on n'entendait plus que le choc des sabots sur le fer des outils. Pendant l'été, entre les lignes où les plantes étaient intercalées, la culture se continuait par de nombreux sarclages à la main. Le mauvais vent du Sud, l'*Autan* pourrait souffler, il n'aurait pas raison des maïs, il ne tordrait pas leurs larges feuilles luisantes en cordes lamentables. On n'expliquait pas alors à la petite école les lois de la capillarité, mais on savait tout de même que défonçage et binage valent bien des arrosages.

Voici des enfants très fixés sur les différents types de terrains dont on leur a appris les noms scientifiques. Demandons-leur s'il est possible de reconnaître la nature d'une terre sans la voir. La question les ahurit d'abord et ils finissent par croire qu'on se moque d'eux. Leurs grands-pères, moins embarrassés, nous auraient répondu par le conte de l'aveugle qu'ils avaient entendu bien des fois :

Il était une fois un aveugle dont le fils voulait acheter deux champs, l'un pour semer du chanvre, l'autre pour planter une vigne. L'aveugle dit à son fils : « Ne conclus pas le marché avant que je n'aie vu la terre des deux champs ; demain je monterai sur l'âne et tu m'y conduiras. » Cependant le fils se disait tout bas : « Comment mon père verra-t-il la terre des deux champs puisqu'il est aveugle ? »

Le lendemain, quand on fut arrivé au premier champ, le père dit à son fils : « Attache l'âne à un pied de yèble, de peur qu'il ne s'échappe, » et le fils répondit : « Père, je n'en vois pas. »

Au second champ, l'aveugle dit à son fils : « Ramasse des fleurs de genêts pour faire de la tisane à la vache qui est échauffée, » et le fils répondit : « Père, je n'en vois pas. » — « Emportons au moins un bouquet de fougère qui, suspendu au plancher, permettra le soir la capture des mouches. » Mais le fils répondit : « Il n'y a pas de fougère dans le champ. »

« Rentrons à la maison, dit l'aveugle, et n'achète pas ces champs qui seraient notre ruine, car le premier n'est pas bon pour le chanvre, ni le second pour la vigne puisque le yèble, les genêts et la fougère n'y croissent pas spontanément. »

L'école doit rester en contact intime avec la réalité de la vie paysanne qui l'entoure, et son enseignement changera de caractère selon que dans le pays l'homme est forestier, vigneron, ou semeur de blé. Les entretiens journaliers suivront pas à pas les travaux de la saison, — le conseil en a été déjà donné,[1] — afin que la leçon soit plus intéressante, plus pratique, plus saisissable. Le maître y verra surtout l'occasion de marquer à l'écolier qu'il partage ; les préoccupations de ses parents, qu'il se réjouit ou s'attriste comme eux du soleil et de la pluie, que le souci de la terre est vivant dans son cœur, qu'il y a entre l'école et la métairie une sensibilité commune, profonde, sincère, familière, qui s'étend aux joies et aux défaites de la vie agricole et dont l'expression elle-même devra toujours garder un caractère un peu paysan. Les moindres nuances sont précieuses quand on veut prendre l'âme de l'enfant.

La succession des travaux se déroule devant lui, attachée à une longue série de préceptes, de dictons et de proverbes où tous les saints du calendrier sont employés. A côté d'erreurs et de croyances puériles on y trouve des observations dont la justesse étonne, quand on a soin de ne pas les sortir du canton, parfois très circonscrit, auquel elles s'appliquent. Dans un village, le proverbe conseille de semer les fèves à la Saint-Michel, en terre tellement sèche que le grain, à peine recouvert, « devra voir le bouvier s'en aller, »et celui d'un village voisin d'attendre l'Octave des Morts :

A l'octave des Morts
La fève n'a pas tort.

Pourquoi cette différence entre deux communes limitrophes ? On est sûr de trouver dans l'une des terres très argileuses et imperméables qui sont gâtées par les labours humides, tandis que les terrains argilo-calcaires et sablonneux de l'autre les redoutent, beaucoup moins. Ne sourions donc pas de ces pauvres choses qui sont la sagesse sentencieuse des anciens. Ce serait une petite injustice, et leur mépris rejaillirait sur toute la vie agricole de la métairie.

Il faut rester très attentif à toutes les contingences qui entourent le petit paysan, et le patois n'est pas une des moindres. Grave question que celle du patois à l'école, qui a fait couler beaucoup d'encre, et ce n'est pas fini. Les uns l'en chassent tous les jours comme fâcheux et même ennemi, les autres l'y veulent conserver et soutiennent que, dans les pays de langue d'oc, il peut beaucoup servir à l'enseignement du français ; il est possible que quelques félibres ardents, — le soleil du Midi explique toutes les ardeurs,

1 Circulaire du 4 janvier 1897.

— rêvent de lui donner la première place en reléguant le français a la seconde. Nous sommes résolument pour que le patois ne soit pas exclu de l'école, et aux raisons qu'en ont données ses partisans nous en ajouterions peut-être quelques autres, celle-ci par exemple que, *judicieusement employé dans l'enseignement agricole, il est une des forces éducatrices les plus puissantes dont puisse bénéficier la vocation du petit paysan.*

Restons dans la réalité : il n'y a qu'elle qui compte, si l'on a le souci de l'adaptation, qui est le secret du succès. Le patois est la langue agricole de la Gascogne. C'est de lui qu'on se sert pour commander les animaux, les flatter et les gourmander. C'est en patois qu'on sème et qu'on moissonne, qu'on salue les épis lourds « qui courbent la tête comme le col d'une oie, » et qu'en septembre éclate la joie triomphale des vendanges. C'est en patois que le vin nouveau délie les langues pour célébrer la vigne et conseiller aux jeunes de la planter de bon plant,

Comme de bonne mère il faut choisir la fille.

Joies, sentiments, images, tous les mouvements de l'âme, liés aux travaux agricoles, sont fixés dans des mots patois. Quand il s'agit de la terre, *on pense en patois*, comme le montre une petite expérience que nous avons faite bien souvent et qu'il est facile de renouveler.

On expose à quelques jeunes paysans une question de science agricole. On s'applique à être méthodique, simple, clair ; on revient plusieurs fois sur les points difficiles ; on s'assure que tout est bien compris par les auditeurs attentifs. Mais ils restent silencieux et graves. On reprend la leçon en s'aidant du patois. Les visages s'éclairent : les remarques, les réflexions arrivent, même les objections. C'est de l'allégresse. Le patois a accompli ce miracle de transfigurer la science sous leurs yeux : ils la sentent maintenant faite pour eux, ils pourront l'emporter à la maison, la garder avec leurs habits de tous les jours, en parler et s'en servir. L'instrument de luxe, dont on se méfiait tout à l'heure, est devenu un outil familier.

La leçon, entièrement faite en français, pour si soigneusement adaptée qu'elle soit, reste tout de même distinguée, haute, lointaine. Si le petit paysan se laisse prendre à son charme, — et cela arrive souvent, — ce sera aux dépens de la métairie, qu'il trouvera, pauvre, mal outillée, arriérée, grossière, qu'il dédaignera, et oubliera. Il y sera ramené par la même leçon, si le patois l'a éclairée, égayée, adoucie en la rendant rustique, paysanne comme lui. Certes, nous désirons que l'enfant respire à l'école un air chargé de science : mais, de grâce, qu'on y mêle toutes les senteurs du terroir, si l'on veut qu'il soit vivifiant.

Le patois, discrètement employé, aura encore cet avantage de préserver l'enseignement de la stérilité verbale, particulièrement redoutable ici, comme partout où il y a une langue vulgaire complètement distincte du français. Le petit Gascon parle continuellement patois avec ses parents et il entre à l'école pour apprendre le français. L'acquisition des mots français, surtout scientifiques, est une complète qui le remplit d'aise et facilement lui suffit ; il est fier de les prononcer et de les écrire, il croit de bonne foi tenir les choses qu'ils recouvrent : il met dans son grenier des sacs vides et se réjouit comme s'ils étaient pleins. Que d'exemples nous pourrions citer ! Ainsi le mot azote revient assez couramment dans la conversation des jeunes paysans à cause de l'emploi journalier des engrais, et nous n'en trouvons presque aucun chez qui il réponde à une réalité saisie par l'esprit. Il est pourtant possible de mettre dans ces humbles cerveaux des notions vraies et utilisables sous les trois vocables qui désignent les principaux gaz de l'atmosphère, mais à la condition d'employer des comparaisons peu scientifiques, des images familières et certaines explications qui ne valent qu'en patois, car c'est ici surtout que, comme dit Montaigne, « où le Français n'arrive, le Gascon y peut aller. »

Section VI

Il faut parler patois, savoir le conte de l'Aveugle et bien d'autres, les proverbes, les chansons, les traditions et les légendes pour pénétrer la mentalité du paysan et saisir les liens secrets qui l'attachent à un métier où le travail est dur, sous les pluies et les vents glacés de l'hiver, sous les soleils brûlants de l'été, avec des journées de quinze heures, des nuits sans sommeil, dans la solitude, loin des nouvelles et des plaisirs, et pour une rémunération forcément toujours incertaine. Ces liens seront peut-être toujours les mêmes. Il semble difficile que l'esprit scientifique puisse satisfaire entièrement l'âme paysanne et lui être une plénitude. Il est entendu que les paysans seront de plus en plus instruits, mais chez eux la science devra accepter certains voisinages et respecter d'autres forces qu'il importe de connaître.

Les grêles, qui en quelques minutes ruinent les espérances d'une année et compromettent pour plusieurs autres les vignes et les arbres fruitiers, ne sont pas rares en Gascogne, ni les pluies persistantes de juin qui noient la fleur du blé et laissent les épis vides, ni les grandes invasions de Back-rot et de Mildew auxquelles les vignes les mieux « traitées » ne résistent pas. Il est curieux d'observer l'état d'esprit des paysans au lendemain du désastre. La consternation est la même chez tous, mais non pas le découragement, ou tout au moins la blessure morale. Les plus blessés sont certainement les plus éclairés, ceux qui conduisent scientifiquement et avec succès leur travail, et qui d'ailleurs perdront moins que les autres, car ils ont su s'assurer largement, ils sauront se retourner, refaire leurs semis, développer leur élevage.

Essayons d'interpréter cette curieuse constatation. Toutes les industries connaissent les risques économiques : mévente, crises de main-d'œuvre, cherté de la matière première, et l'agriculture n'en est pas à l'abri. Mais les risques météorologiques, qui l'accablent, ont un caractère particulier. Le tisseur, qui mêle sur son métier des fils de coton et de laine, sait qu'il aura une étoile d'une qualité déterminée, et le métallurgiste produira du fer ou de l'acier selon la formule chimique de la lave incandescente qui s'échappe en coulée du haut fourneau. Le laboureur n'est pas sûr de manger le pain du blé qu'il a semé selon les règles d'une science précise, et le vigneron, qui a conduit ses raisins à la cuve au prix des plus scientifiques efforts, aura peut-être de la piquette au lieu du bon vin qu'il méritait.

Le paysan traditionaliste et routinier supporte mieux le désastre parce qu'il trouve dans sa vieille mentalité unis sorte de fatalisme héréditaire. Le paysan moderne, d'esprit précis et positif, que l'imprégnation scientifique de l'école a développé, regrette alors de n'avoir pas fait autre chose comme tel de ses camarades qui n'était pas plus instruit que lui, de n'être pas entré dans une de ces carrières, si appréciées en France, où l'effort détermine rigoureusement le succès, c'est-à-dire le payement, où l'on voit même parfois que celui-ci dépasse de beaucoup celui-là.

Il y a encore une autre nuance, inattendue, pleine d'intérêt. Le paysan moderne traite sa culture comme une expérience scientifique, il en a établi méthodiquement les conditions ; il les a maîtrisées une à une, et, quand l'accident grossier anéantit du même coup les profits espérés et la marche triomphante d'une expérience, où il mettait son orgueil, il ressent un choc particulièrement irritant. Il éprouve une souffrance qui est épargnée à ses voisins. Il souffre un peu à la façon de celui qui, dans un laboratoire, et sur le point de terminer un travail, trouverait ses ballons brisés, ses cultures souillées, son livre d'observations détruit. Le traumatisme porte sur certaines parties de l'âme, restées jusqu'ici indifférentes au travail de la terre ; il est par cela même plus aigu, plus douloureux, plus décourageant.

Il l'est d'autant plus que la métairie est un laboratoire qui ne ressemble pas aux autres, et que, dans l'espèce, l'expérience agricole a contre elle trois circonstances aggravantes. Elle est longue, puisqu'elle demande au moins une année, quelquefois davantage, quand il s'agit de cépages ou d'assolements nouveaux ; elle exige une avance d'argent assez considérable, et ne se poursuit qu'au prix d'un travail pénible, presque douloureux ; enfin elle devient la plus criante des injustices quand elle est brutalement arrêtée : dans ces deux vignes, placées côte à côte, la récolte a été emportée par la gelée, mais le vigneron de l'une, qui est un paresseux, ne perd que deux pièces de vin, tandis que son voisin, qui n'a ménagé ni son temps, ni sa peine, ni le fumier, ni l'engrais, en perd quatre fois plus. Le plus méritant est donc ici le plus durement frappé.

Section VII

La vie de la terre, comme celle de la mer pour le marin, a toujours exercé sur le paysan un charme poétique et religieux. Il frémit au premier chant du coucou qui est pour lui l'annonciateur des sèves printanières, et il sent la mélancolie de l'automne dans ces journées déjà sombres, où l'on jette le grain à la hâte, sous un ciel bas, que traversent les appels étranges des grands oiseaux migrateurs. Mais on peut vivre longtemps avec lui sans s'en douter : il cache avec soin son émotion poétique comme son sentiment religieux et sa croyance au devin. La crainte qui le hante est de paraître dupe, et, afin d'en prévenir le soupçon, il devient souvent moqueur. Il rit de celui qui se dissimule le long des haies pour gagner la maison du sorcier, et, à la nuit, il ira le consulter lui-même ; le matin, quand la messe sonne, il y va de l'invariable plaisanterie sur le malin qui aura tôt fait de gagner sa journée et il a payé cette messe pour ses morts ; il traite de songe-creux le voisin qui s'attarde au bout du sillon pour écouter le chant de l'alouette et il vient de réciter à son âme la strophe ailée et joyeuse que le vieux poète patois fait monter et fait chanter dans les airs.[1]

Devant les grands spectacles de la nature son émotion dépasse la poésie et devient religieuse : les deux sentiments communient dans leur origine qui est le mystère universel des choses. La succession invariable des saisons, les phases de la lune qu'on croit si décisives dans la germination des plantes, la gloire du soleil au solstice, que saluent des feux de la Saint-Jean, sont des forces depuis longtemps divinisées. Le paysan que nous avons sous les yeux, quelles que soient les sources diverses de ses lointaines origines, a derrière lui un atavisme terrien qui se perd dans la nuit des temps. Voilà donc des milliers d'années que la race, aux prises avec la terre, sent confusément une puissance souverainement créatrice et maternelle dans le rythme annuel de son inlassable fécondité. Loin des rivages grecs, bien des hommes, qui n'ont su ni la dégager de leurs obscures intuitions, ni la personnifier, ni la dénommer, ont tout de même senti et adoré à leur manière l'immortelle et bienfaisante Démêter. Faut-il s'étonner qu'un vague panthéisme subsiste encore sous la couche épaisse de christianisme qui l'a absorbé et le recouvre ? C'est probablement ici la partie la plus profonde, la plus intime du sentiment religieux, peut-être la plus irréductible, et qui, même

---

1 Dastros, poète patois de la fin du XVIIe siècle. Ses vers sur le chant des oiseaux sont un petit chef-d'œuvre d'harmonie imitative. Voici la strophe sur l'alouette que les paysans répètent avec des variantes :

La lauzoto, per lauza Diou,

Dab soun tiro liro pion piou,

Debez lon ceou dret coum uo biro

En bet tiro lira se tiro,

E quan non pot mes haut tira

En bat tourno tiro lira.

aux jours difficiles de la Révolution, garda ses exigences.

En Lomagne par exemple, sous la Terreur, les paysans se passèrent de prêtres pour les morts, les naissances et les mariages, ou s'accommodèrent fort bien du curé constitutionnel. Mais ils restaient troublés à l'endroit de la Terre et se voulaient garder de toute impiété envers elle. Quand ils savaient un prêtre caché quelque part, ils le suppliaient de venir la nuit bénir leurs champs et leurs bestiaux. D'un vieux logis qu'on voit encore, tapi sous les plantes grimpantes, à l'entrée d'une petite gorge qui s'ouvre sur la vallée de l'Arratz, cuire Saint-Clar et Mauvezin, un prêtre sortait souvent le soir, suivi d'un enfant qui plus tard devait raconter ses souvenirs. On prenait des chemins détournés et on allait fort loin ; on s'arrêtait aux croix derrière lesquelles hommes et femmes se dissimulaient agenouillés et on récitait les prières à voix basse ; parfois sur une alerte on se jetait dans un fourré ; on descendait sur les rivières où les bestiaux, laissés à dessein dans les prairies, attendaient, couchés dans l'herbe ; quand l'enfant tombait de fatigue et de sommeil, un paysan le chargeait sur ses épaules et, au moment voulu, le réveillait d'une secousse pour lui faire marmotter ses réponses latines.

Telle était l'impression produite par ces nocturnes bénédictions que les légendes naquirent vite. Le prêtre dont nous parlons fut un jour manqué par une patrouille qui ne trouva dans sa cachette que ses ornements sacerdotaux. Un jeune homme s'en revêtit et, à la tête de ses compagnons, parcourut processionnellement les rues de la petite ville voisine. Le lendemain, il était frappé d'une maladie étrange, qui le couvrait d'ulcères, et un an après, jour pour jour, il mourait en proie à d'atroces souffrances. A deux lieues de là, un autre prêtre, ancien religieux, qui bénissait lui aussi la terre, déroutait tous les efforts de la police : on résolut de le prendre par trahison. Un meunier, qui consentit à le livrer, l'envoya chercher par son fils pendant qu'il se mettait au lit, faisant le moribond. La confession devait durer assez longtemps pour permettre aux gendarmes d'arriver. Le prêtre accourut sans défiance, mais au moment où il s'approchait du lit, il se trouva que le faux moribond était devenu un vrai mort.

Il est possible que la ruine complète de l'idée chrétienne, en qui se sont réfugiées et transformées toutes les formes antérieures et durables du sentiment religieux, entraînerait celle des vieilles et poétiques survivances panthéistes. Si jamais l'âme paysanne, entièrement vidée de tout son passé, n'était plus accessible qu'à la science, la terre aurait beaucoup moins de prise sur elle. Il y aurait peu de vrais paysans.

Les vrais paysans aiment la terre pour des raisons que la raison ne connaît pas entièrement. On peut d'ailleurs l'aimer autrement, et il y a beaucoup de faux paysans. Le capitaliste qui achète une vaste propriété comme placement, l'ingénieur qui l'organise et la dirige, les contremaîtres qui surveillent les équipes d'ouvriers, les travailleurs qui forment ces équipes, sont pour la plupart de faux paysans. Ils aiment la terre uniquement pour des raisons claires, et une comptabilité exacte règle leurs sentiments. Les vrais paysans, les plus rudes et les plus avares, ont pour elle un cœur plein de faiblesse : c'est toujours la maîtresse ensorcelante dont une faveur fait oublier plusieurs trahisons. Qu'ils possèdent la terre ou rêvent de la posséder et travaillent à réaliser leur rêve, ils l'aiment d'un amour extrême, ombrageux et exclusif. Le désir des sillons que l'on n'a pas n'est pas plus âpre que l'amour de ceux que l'on possède. Bien des gens, qui ont quelque intérêt aie faire, veulent séparer les deux sentiments : ils prennent chaque matin le premier pour le transporter sur le sommet de la plus haute montagne, et, avec les paroles éternellement délicieuses du Tentateur, ils lui montrent non pas les sols pauvres et méprisés, — causses, landes, friches, garrigues, — mais les vallées herbeuses et nourricières, les pentes ensoleillées où les vendanges mûrissent, les plaines couvertes de moissons. Le paysan a l'oreille qui s'ouvre vite, quand on lui parle de prendre la terre ; cependant il sous-entend toujours que la prise serait suivie d'une entière et parfaite possession, telle que la race la poursuit en lui depuis des siècles, telle que l'évolution économique la lui donne chaque jour davantage, possession à plein effet et libre jeu, avec le droit de vendre, de louer, de bailler à moitié fruits, de transmettre héréditairement, de prêter et d'emprunter dessus, d'user et d'abuser, avec tous les droits anciens et de nouveaux, s'il était possible. Et même cette possession n'aurait peut-être pas tout son attrait, si elle s'étendait à tous, si l'on ne se sentait plus à coté de soi des gens qui la désirent et ne l'ont pas, des gens qui, pour éviter la fondrière du chemin vicinal, ne peuvent pas monter sur le talus du champ en bordure, parce qu'il vous plaît de les arrêter, de les exclure de votre droit souverain, aussi souverain sur un demi-arpent que sur un domaine princier. Et ceci est encore un ravissement pour la passion d'égalité qui nous enivre et qui s'accorde si bien en nous avec le plaisir de marquer notre supériorité au voisin.

Il est des idées, qui ont besoin de se déformer, de s'altérer profondément, au point d'être méconnaissables, pour pénétrer dans le tréfonds de la mentalité du paysan, à moins que celle-ci ne se libère des lourdes hérédités qui l'ont faite : on doit craindre que, du même coup, elle ne se détache de la terre. C'est une très vieille chose que l'âme paysanne : si on l'ouvre à certains souffles nouveaux, on risque de la dissoudre. C'est la mémoire vivante d'un long passé douloureux qui cherche l'apaisement dans la plus individualiste des revanches.

Elle est remplie en effet par un individualisme forcené, où il entre infiniment d'orgueil, par un sentiment farouche et intraitable à la façon d'un sentiment religieux. La terre est pour les vrais paysans l'objet d'un culte et d'une foi, d'une vague et inconsciente religion : ils y mettent toutes leurs ambitions et toutes leurs énergies, leur âme et leur vie. Bien que leur nombre diminue chaque jour, ils forment encore le fond même de la nation, son ossature, son cœur et ses muscles, notre grande réserve de forces physiques, intellectuelles et morales. Si la belle paysannerie française, *the beautiful french peasantry*, comme disent les Anglais, qui nous l'ont plus d'une fois enviée, venait à disparaître, quelles que puissent être les adaptations futures, le. dommage serait sans doute incalculable.

Ce sont ces paysans que l'école doit s'appliquer à nous conserver en cultivant soigneusement les vocations naissantes des petits apprentis qu'on lui confie. Elle n'y parviendra que si le maître lui apporte des qualités très personnelles. On ne peut faire aimer la terre qu'à la condition de l'aimer profondément soi-même. Il ne s'agit plus d'un enseignement où il suffit d'être clair, méthodique, ingénieux et patient, mais d'une culture morale, où chaque parole et chaque geste doivent être appuyés par le rayonnement de l'âme.

Osons dégager et formuler une vérité qu'entrevoient tous ceux qui suivent de près l'évolution morale de nos campagnes. Le maître, à l'école du village, ne peut être éducateur dans le sens de la terre que s'il la voit, la connaît et l'aime avec des yeux et un cœur de paysan. Que les plus difficiles et les plus délicats se rassurent : on peut être paysan, profondément paysan, parler facilement palois, au besoin manier la bêche, avec une bonne culture scientifique, du goût littéraire, un sentiment très vif de la poésie de la nature, une véritable élégance intellectuelle et morale. Celle-ci ne se mesure pas au savoir livresque, et elle reste toujours une des qualités maîtresses de l'éducateur. Il y a au moins un reproche qu'on ne pourrait pas faire au maître paysan, c'est d'être un esprit primaire au sens défavorable qui semble s'attacher de plus en plus à ce mot, puisque, si je ne me trompe, et pour des raisons que l'on voit sans peine, il serait précisément tout le contraire.

Les instituteurs à l'âme paysanne étaient nombreux autrefois, ils le sont moins aujourd'hui, et on m'assure qu'ils deviennent chaque jour plus rares, ce qui est extrêmement regrettable. Comment les recruter et les former ? C'est une question grave, difficile, complexe, délicate, mais non pas insoluble, et dont on peut bien dire qu'elle n'est pas, qu'elle ne sera peut-être pas de sitôt le premier souci de ceux qui s'occupent le plus de l'école. Il est des milieux où l'on provoque un véritable étonnement quand on y parle du maître tel qu'il devrait être dans une école villageoise, adaptée selon les règles d'une bonne méthode scientifique.

Les exigences de ma profession me conduisirent un jour pour la première fois dans un petit village de la plaine qui éparpille négligemment ses maisons parmi les vergers. Sous le soleil de juin les champs étaient en joie et les cerisiers rouges de fruits. Devant l'école un homme dételait une paire de vaches, entouré d'enfants dont les plus grands l'aidaient. C'était l'instituteur qui, après son labour matinal, allait commencer sa classe. On devine ma curiosité. Elle amena une enquête, qui peu à peu devint complète.

Ce maître était sorti d'une vieille famille de métayers gascons, qui depuis cent vingt ans travaillait la même métairie au moment où son père l'acheta, moyennant une somme assez ronde, enterrée sous le lit par l'effort de quatre ou cinq générations. Le métayer, devenu propriétaire, voulut faire de son fils un monsieur et il en fit un instituteur. Mais celui-ci garda toujours la nostalgie de la charrue et il s'était juré qu'il y ramènerait ses trois fils, alors âgés de moins de quinze ans. Il avait pris pour cela le vrai moyen et même le seul : sur quelques champs loués, il travaillait tous les jours avec eux et leur mère, en se faisant aider parfois de toute la bande des écoliers. Le cas était curieux. Je me permis de le signaler et d'en montrer le bel intérêt. J'aurais voulu une récompense pour ce rare éducateur. On me répondit que ce maître était très méritant, mais qu'on ne pouvait pas entrer dans mes vues, parce qu'aux examens et aux inspections, dans les réponses et les cahiers, les élèves de cette école ne se montraient pas supérieurs en agriculture à ceux des écoles voisines. Evidemment nous ne nous comprenions pas. Mon protégé n'a pas eu d'autre récompense que la réalisation de son rêve. Il est maintenant à la retraite et, avec ses trois fils, il laboure les champs paternels. La Gascogne lui doit certainement bien d'autres laboureurs.

La terre, qui nous nourrit, est la principale source de notre richesse et de notre puissance, elle est au premier rang des influences qui ont déterminé la personnalité morale de la France et façonné le génie national. *L'école, malgré de très louables efforts ne fait pas son devoir envers elle, et nous avons essayé de montrer les erreurs qui l'en empêchent.* C'est une erreur de penser que la même formation peut donner à Paris et à la province, à la ville et au village, l'instituteur qui leur convient, que le choix du métier et la vocation se confondent et qu'il suffit d'enseigner l'un pour faire naître et développer l'autre ; c'est une erreur de croire qu'on peut faire aimer la terre sans la connaître à fond et l'aimer profondément soi-même et que, pour rester un maître paysan, on doive renoncer à la distinction intellectuelle. Ces erreurs ont un caractère commun, une marque d'origine où l'on reconnaîtra le goût de l'unité et l'esprit *aprioriste* du rationalisme. L'expérience complète et sincère de la réalité, la patiente soumission à cette expérience, fondements d'une autre philosophie, nous donneraient de meilleurs résultats. Sur la mince tranche de vie que nous venons d'étudier, l'esprit et la méthode rationalistes aboutissent à un véritable échec.

ISBN : 978-1983472114

www.ingramcontent.com/pod-product-compliance
Lightning Source LLC
Chambersburg PA
CBHW070927220526
45468CB00005B/1687